TRADITION HAT IMMER SAISON

Mehlspeishimmel

KRENN

INHALT

ÖSTERREICHS KLASSIKER FÜR SÜSSE NASCHKATZEN !!!

Strudel:
Apfel-, Topfen-, Mohnstrudel...

Knödel:
z. B. Germknödel, Topfenknödel, Marillenknödel

Schmarren:
Kaiser-, Topfen-, Grießschmarren etc.

Nockerln, vor allem die aus Salzburg:
souffléähnliches Gebäck

Nudeln und Buchteln:
keine italienische Pasta, sondern größere Gebilde aus Germteig, jeweils unterschiedlich gegart: Dampfnudeln im geschlossenen Topf auf dem Herd; Rohrnudeln geschlossen im Rohr; Buchteln offen im Backofen

Krapfen, Pogatschen:
runde Gebäckstücke, süß oder salzig, besonders in Ungarn beliebt

Golatschen, Tatscherln:
gefüllte Teigtaschen

Palatschinken:
dünne, gefüllte Pfannkuchen

Kuchen und Torten:
von der Sachertorte bis zum Reindling

Pofesen, Bofesen:
nördlich von Österreich und Bayern eher als „Arme Ritter" bekannt

Dalken oder Liwanzen:
in einer eigenen Pfanne mit mehreren Vertiefungen auf dem Herd in Fett ausgebacken (ähnlich wie die dänischen Aebleskiver)

Einleitung

DIE HEIMLICHEN HAUPTSPEISEN

Die Österreicherinnen und Österreicher lieben es süß. Ob zum Kaffee, als Nachspeise, mal zwischendurch oder überhaupt als Hauptgericht – ohne etwas Süßes geht es nicht. Die Beliebtheit der süßen Genüsse beweist allein schon die Vielzahl an Kaffeehäusern, die sich vor allem in Wien großer Beliebtheit erfreuen. Und still und heimlich wird in den Mehlspeisen auch ein Hauch des Habsburger Mythos zelebriert: Das zeigen schon so zugkräftige Namen wie „Böhmische Dalken", „Preß- und Siebenbürger Zwieback", „Kärntner Kletzennudeln", „Marillengolatschen" und „Husarenkrapferln", Namen, in denen die habsburgischen Kronländer fortleben.

KREATIONEN MIT TRADITION

Mehlspeisen haben in Österreich eine lange Tradition und sind die eigentlichen Stars der Wiener Küche. Gemeint sind mehr oder weniger Süßspeisen, die aus Mehl, Butter und Eiern hergestellt werden. Die Wurzeln dieser sättigenden und kalorienreichen Gerichte liegen in der bäuerlichen Küche. Nach und nach wurden die derb-sättigenden Milch- und Mehlspeisen in den städtischen Küchen zu Gebilden aus Schaum und Schne mit Zucker und Aroma verfeinert und dabei von der Hauptspeise in die Nachspeise verwandelt. Andere Mehlspeisen, wie Brezen, Kipferln, Krapfen und andere Formen der Schmalzgebäcke, die in der bäuerlichen Welt als Brauchtumsgebäck ganz bestimmte Funktionen im Ablauf von Leben, Jahreszeit und Arbeit hatten, wurden in den Städten von den Bäckern zum alltäglichen Kaffeegebäck verwandelt.

Der Genuss von Süß- und Mehlspeisen war lange ein Zeichen von Wohlstand. Zucker war seit dem 16. Jahrhundert verfügbar. Auch unter Ärmeren galt die Kaffeepause als Privileg. Weißes Mehl war der Herrschaft vorbehalten, das mittlere Mehl war fürs Gesinde und das schwarze, das „Hundebrodt", fürs Vieh. Den guten Weizen nahm man für Kuchen, Gebackenes, Semmeln, Weißbrot, Mus und Brotmehl, die Gerste verwendete man nur im Notfall für Klöße oder Mus.

PALATSCHINKEN – DIE FÜLLE MACHT'S

Sie sind die Klassiker unter den österreichischen Mehlspeisen. Der Name leitet sich ab vom ungarischen Wort „palacsinta" (von lateinisch „placenta" für Kuchen). Die hauchdünn ausgerollte Köstlichkeit avancierte zur Nationalspeise und erscheint je nach Inhalt in süßem oder salzigem Gewand. Erfunden wurden die Palatschinken schon vor mehr als 2000 Jahren: Bereits die Griechen hatten einen Teigfladen, der in Olivenöl herausgebacken wurde, und auch die Römer liebten ihre „placenta". Die römischen Legionäre verbreiteten die köstliche Mehlspeise in ganz Europa und so begannen sich überall regionale Spezialitäten herauszubilden.

EIN KAISERLICHER GENUSS

Eine Abwandlung der Palatschinken, aber nicht minder berühmt: der Kaiserschmarren. Mehl, Milch, Eier, Zucker und Salz sind die Zutaten für den Teig. Dieser wird in einer Pfanne auf mittlerer Hitze in Butter gebacken, bis die Unterseite fest ist. Anschließend zerteilt man die Masse mit einem Kochlöffel und wendet sie immer wieder, bis alles durch ist. Der fertige Kaiserschmarren wird mit Staubzucker bestreut und mit Zwetschkenröster serviert.

Zur Herkunft des Kaiserschmarren gibt es zahlreiche Legenden: Eine der vielen Legenden, die sich um die Herkunft des Kaiserschmarrens ranken, besagt, dass Kaiser Franz Joseph I. (1830–1916) bei einem seiner Jagdausflüge im Salzkammergut einen Holzfällerschmarren vorgesetzt bekam. Dieser wurde ihm zu Ehren mit guten Zutaten wie Milch, Rosinen und Eiern verfeinert. So wurde aus einem gewöhnlichen Holzfällerschmarren ein vornehmer Kaiserschmarren. Eine andere Legende sagt, dass der Kaiserschmarren eigentlich ein Kaiserinschmarren hätte werden sollen. Er soll im Jahr 1854 für die Kaiserin Elisabeth kreiert worden sein. Doch die schlanke Kaiserin verweigerte den süßen Genuss. Stattdessen erklärte ihr Gatte den süßen Schmarren zu seinem Leibgericht.

STRUDEL – DIE KLASSIKER

Der Strudel ist aus der österreichischen Küche nicht wegzudenken. Der österreichische Apfelstrudel zum Beispiel ist über die Grenzen Österreichs hinaus bekannt und berühmt. Köstlichkeiten wie Topfenstrudel, Nussstrudel oder Mohnstrudel lassen die Herzen aller Mehlspeisliebhaber höher schlagen. Der Phantasie und Kreativität beim Erfinden fruchtiger und raffinierter Strudelfüllen sind keine Grenzen gesetzt.

KNÖDEL, NOCKERLN UND CO.

Österreich gilt als kulinarisches Knödelland. In kaum einem anderen Land gibt es so viele verschiedene Knödelrezepte wie hier. Knödel dienen als Suppeneinlage, Hauptspeise und Dessert. Die Art der Zubereitung der Knödel ist so vielfältig wie bei kaum einer anderen Speise. Es gibt gefüllte und ungefüllte, saure und süße Knödel. Das Wort Knödel bedeutete ursprünglich eine Verkleinerung des mittelhochdeutschen „knode" für „Knoten". Von Knödel entlehnt ist das tschechische „knedlík", in seiner Verkleinerungsform „knedlicek". Ihr Hauptmerkmal ist die runde Form, in der Fülle mit verschiedenen Frucht- oder Topfenkreationen liegt ihre Stärke.

Besonders beliebt sind in Österreich die zahlreichen Kombinationen mit Powidl. Diese berühmte Variante des Pflaumen- oder Zwetschkenmus stammt aus Böhmen und ist eine der wichtigsten Zutaten in der alt-österreichischen Mehlspeisenküche.

TORTEN UND SCHNITTEN

Cremeschnitten

500 ml Milch
100 g Kristallzucker
50 g Vanillepudding-pulver
2 Eidotter

1 Pkg. Blätterteig
2 EL Rum
40 g Staubzucker
3 Gelatineblätter
500 ml Schlagobers

Marillenmarmelade
Fondant

Für die Vanillecreme etwa 2/3 der Milch mit Kristallzucker aufkochen. Restliche Milch mit Vanillepuddingpulver und Eidotter mit einem Schneebesen glatt rühren. In die kochende Milch gießen und unter ständigem Rühren nochmals aufkochen. Danach auskühlen lassen.

Den Blätterteig auf einer bemehlten Arbeitsfläche 34 x 44 cm ausrollen, auf ein Blech legen und 20 Minuten rasten lassen. Danach mit Wasser bestreichen, mit einer Gabel Löcher stechen und im vorgeheizten Backrohr bei 190 °C goldgelb backen. Auskühlen lassen, halbieren und einen Teil in einen Kapselrahmen (20 x 30 cm) legen.

Die kalte Vanillecreme passieren, mit gesiebtem Staubzucker und Rum verrühren. Die in kaltem Wasser eingeweichten Gelatineblätter im Wasserbad auflösen, in die Vanillecreme rühren und sofort das geschlagene Obers unterheben. Die Creme in den Kapselrahmen füllen, glatt verstreichen und im Kühlschrank stocken lassen. Währenddessen die zweite Hälfte des Blätterteigblattes umdrehen und mit heißer Marillenmarmelade bestreichen.

Fondant auf etwa 40 °C erwärmen, mit Läuterzucker etwas verdünnen und das Deckblatt damit glasieren. Glasur abtrocknen lassen, die Cremeschnitten aus dem Kapselrahmen nehmen. Das Deckblatt auflegen und in 8 x 4 cm große Stücke portionieren. Beim Schneiden das Messer so lange in nur eine Richtung ziehen, bis man das Deckblatt durchgeschnitten hat.

Esterhazyschnitten

250 ml Milch
20 g Vanillezucker
40 g Staubzucker
20 g Vanillepuddingpulver
1 Eidotter

250 g Butter
100 g Staubzucker
2 cl Rum

7 Eidotter
7 Eiklar
50 g Kristallzucker
1 Pkg. Vanillezucker
etwas abgeriebene Zitronenschale
130 g Kristallzucker
230 g geriebene Haselnüsse
Öl und Mehl für das Backblech

Für die Vanillecreme 3/4 der Milchmenge aufkochen, übrige Zutaten glatt rühren, in die kochende Milch einrühren, aufkochen und kalt stellen. Für die Creme Butter mit Staubzucker sehr schaumig rühren. Vanillecreme nach und nach beigeben, Rum beifügen und gut verrühren.

Eidotter mit 50 g Kristallzucker, Vanillezucker und geriebener Zitronenschale schaumig rühren. Eiklar mit 130 g Kristallzucker zu schmierigem Schnee schlagen, unter die Dottermasse heben und die geriebenen Haselnüsse einrühren. Die Masse auf ein mit Öl leicht befettetes, mit Mehl bestaubtes Blech rechteckig (etwa 5 mm stark) aufstreichen. Im vorgeheizten Backrohr bei 200 °C etwa 8 Minuten backen.

Nach dem Backen sofort mit einem langen, glatten Messer vom Blech lösen und auskühlen lassen. In 8 cm breite Streifen schneiden und diese mit der aufgeschlagenen Buttercreme zusammensetzen. Den letzten Streifen mit der glatten Seite nach oben draufsetzen, an den Seiten glatt einstreichen und kühlen.

Die Oberseite der Schnitten mit passierter Marillenmarmelade dünn bestreichen und mit erwärmtem Fondant (etwa 30 °C) dünn glasieren. 2 EL Fondant mit Kakaopulver einfärben und in ein kleines Papierstanitzel füllen. In die noch weiche Glasur der Länge nach Linien ziehen und diese mit einem kleinen, spitzen Messer abwechselnd von oben nach unten und umgekehrt durchziehen. Die Glasur trocknen lassen, den Rand mit gehobelten, gerösteten Mandeln einstreuen und in zehn Teile portionieren.

40 g Marillenmarmelade

250 g Fondant

1 TL Kakaopulver

50 g gehobelte Mandeln

Hadntorte

250 g Butter
80 g Vollrohrzucker
7 Eidotter
7 Eiklar
1 Pkg. Vanillezucker
etwas abgeriebene Zitronenschale
je 1 Prise Zimt und Muskatnuss
150 g Kristallzucker
250 g fein gehackte Haselnüsse
200 g Buchweizenmehl
60 g Weizenmehl
1/2 Pkg. Backpulver
125 ml Milch
Preiselbeermarmelade
Mandelsplitter
1 Pkg. Tortengelee

Butter, Vollrohrzucker und Eidotter schaumig rühren. Anschließend Vanillezucker, Zitronenschale, Zimt und Muskatnuss einrühren. Eiklar mit dem Kristallzucker steif schlagen.

Buchweizen- und Weizenmehl mit dem Backpulver und den Haselnüssen vermischen und mit der Milch in die Buttermasse einrühren.

Zuletzt den Schnee vorsichtig unterziehen und die Masse in eine Springform (25 cm Durchmesser) füllen. Die Torte bei 180 °C etwa 45 Minuten im Backrohr backen.

Nach dem Auskühlen die Torte waagrecht halbieren und die untere Hälfte mit der Preiselbeermarmelade bestreichen. Die obere Hälfte wieder darauf setzen.

Die Oberfläche der Torte ebenfalls mit Preiselbeermarmelade bestreichen und mit Tortengelee bedecken. Zum Schluss den Tortenrand mit Mandelsplittern bestreuen.

Kardinalschnitten

6 Eier

80 g Mehl

100 g Zucker

1 Pkg. Vanillezucker

Staubzucker zum Bestreuen

10 Eiklar

250 g Kristallzucker

500 ml Schlagobers

1 Pkg. Vanillezucker

200 g Ribiselmarmelade

Für die Biskuitmasse die Eier mit dem Zucker und Vanillezucker schaumig schlagen. Das Mehl vorsichtig unterheben.

Für den Eischnee die Eiklar mit dem Kristallzucker vermengen und zu steifem Schnee schlagen.

Backpapier zuschneiden (3 Streifen mit je 20 cm Breite), Eischnee in einen Spritzsack mit großer, runder Lochtülle füllen und je 3 Bahnen mit Zwischenräumen aufspritzen. Dazwischen jeweils 2 Bahnen Biskuitmasse auftragen. Mit Staubzucker bestreuen und im vorgeheizten Backrohr bei etwa 160 °C etwa 30 Minuten backen, auskühlen lassen.

Für die Fülle Schlagobers mit Vanillezucker steif schlagen.

Ribiselmarmelade auf die erste Bahn aufstreichen, Schlagobers darauf verteilen, zweite Bahn aufsetzen, ebenso verfahren, dritte Bahn obenauf setzen.

Mit Staubzucker bestreuen und in Schnitten schneiden.

VARIANTE MIT KAFFEECREME

Fülle mit Staubzucker und Löskaffeepulver verrühren.

Malakofftorte

150 g Butter

200 g Staubzucker

3 Eidotter

125 ml Schlagobers

150 g geriebene Mandeln

45 Biskotten

2 Schalen Milch

etwas Orangenlikör oder Rum

250 ml Schlagobers

Cocktailkirschen zum Verzieren

Die Butter cremig rühren und nach und nach Zucker und die Eidotter beimengen. Zuletzt das flüssige Schlagobers und die Mandeln hinzufügen. Die Masse soll von fester Konsistenz sein.

Die Biskotten in die Milch-Orangenlikör-Mischung tauchen und eine Springform damit auslegen. Auf der Außenseite die Biskotten aufstellen. Dann abwechselnd Creme und Biskotten einfüllen, mit den Biskotten abschließen. Die Torte über Nacht in den Kühlschrank stellen.

Am nächsten Tag vorsichtig aus der Form lösen. Mit geschlagenem Obers die Torte bestreichen und mit Cocktailkirschen garnieren.

Sachertorte

180 g Butter
80 g Staubzucker
1 Pkg. Vanillezucker
8 Eidotter
180 g Kochschokolade
8 Eiklar
150 g Kristallzucker
180 g glattes Mehl
180 g Marillenmarmelade

400 g Zucker
330 g Schokolade
250 ml Wasser

Die weiche Butter mit Staubzucker und Vanillezucker schaumig rühren. Dotter und im Wasserbad erweichte Kochschokolade einrühren. Eiklar mit Kristallzucker zu Schnee schlagen, unter die Buttermasse heben und vorsichtig das Mehl einrühren.

Eine Tortenform mit Butter ausstreichen, mit Mehl ausstauben, auf ein Blech stellen und die Masse einfüllen. Im vorgeheizten Backrohr bei 170° C etwa 60 Minuten backen.

Für die Glasur alle Zutaten aufkochen, mit einer Schneerute glatt rühren und 5 Minuten kochen lassen. Beim Abkühlen bis zur Lippenwärme stark rühren.

Die fertig gebackene Torte mit Mehl leicht stauben und auf ein Papier stürzen. Die ausgekühlte Torte zweimal waagrecht durchschneiden, dünn mit erhitzter, passierter Marillenmarmelade füllen und dünn einstreichen. Mit Schokoladeglasur überziehen.

Die Glasur erstarren lassen, portionieren und mit Schlagobers an der Seite servieren.

Trüffeltorte

1 Sachertorte
(Rezept S. 18)

500 ml Milch

300 g Butter

240 g Milchkuvertüre

Schokoladedekor

Für die Fülle Milch und Butter aufkochen. Milchkuvertüre zerbröckeln, im Wasserbad auflösen und dann unter die Milch-Butter-Mischung rühren. 3–4 Stunden in den Kühlschrank stellen, danach nochmals aufschlagen.

Die ausgekühlte Sachertorte je nach Tortenhöhe mehrmals quer durchschneiden und jeden Boden mit Buttermasse beschichten. Zuletzt die restliche Schokocreme seitlich und oben verteilen. Die Torte mit Schokoladespänen oder sonstigem Schokoladedekor schön verzieren.

STRUDEL UND CO.

Gezogener Strudelteig

250 g glattes Mehl

2 EL Öl

Salz

etwa 125 ml lauwarmes Wasser

Mehl mit Öl, Salz und warmem Wasser auf einem Brett zu einem zarten Teig kneten. Den Teig so lange kneten, bis er sich von Brett und Hand löst. Auf ein bemehltes Brett legen, mit Öl bestreichen und 30 Minuten rasten lassen.

Danach den Teig auf einem bemehlten Tuch möglichst gleichmäßig ausrollen und mit beiden bemehlten Handrücken vorsichtig von der Mitte aus zu den Tischkanten hin ziehen, bis er dünn geworden ist. Die dicken Ränder abschneiden und den Teig wie oben beschrieben weiterverarbeiten.

Apfelstrudel

Den Strudelteig mit etwas zerlassener Butter bestreichen. Zwei Drittel der Teigfläche mit in Butter goldgelb gerösteten Semmelbröseln bestreuen, darauf die geschälten, entkernten und blättrig geschnittenen Äpfel gleichmäßig verteilen, mit Zucker, Zimt sowie Rosinen bestreuen.

Den Strudel einrollen und dann mit der Naht nach unten auf ein schwach befettetes Backblech legen. Mit zerlassener Butter bestreichen und 25 Minuten bei 200 °C backen. Nach halber Backzeit nochmals mit Butter bestreichen. Aus dem Rohr nehmen, portionieren und anzuckern.

500 g Äpfel

30 g Semmelbrösel

30 g Butter

30 g Rosinen

40 g Kristallzucker

1 TL Zimtpulver

Butter zum Beträufeln

Staubzucker zum Bestreuen

Kirschenstrudel

2 Blatt Strudelteig

500 g entsteinte Kirschen

2 Eier

20 g Staubzucker

Zimt

etwas abgeriebene Zitronenschale

20 g Kristallzucker

20 g Mehl

30 g fein geriebene Haselnüsse

60 g Butter zum Bestreichen

Kirschen waschen und gut abtropfen lassen.

Die Eier trennen. Den Dotter mit Staubzucker, Zimt und Zitronenschale schaumig rühren. Eiklar mit Kristallzucker zu Schnee schlagen und unter die Dottermasse heben. Mehl und geriebene Haselnüsse locker einmengen.

Die beiden Teigblätter mit Butter bestreichen und übereinander legen. Auf zwei Drittel der Fläche die Nussmasse fingerdick aufstreichen und mit den Kirschen bestreuen.

Die freie Teigfläche mit zerlassener Butter bestreichen, den Strudel einrollen, auf ein Backblech legen und im vorgeheizten Rohr bei 200 °C etwa 35 Minuten backen.

Nussstrudel

700 g Mehl
250 ml lauwarme Milch
30 g Germ
2 EL Zucker
etwas Salz
2 Eidotter
100 g Butter

100 g Zucker
3 EL Wasser
400 g Honig
500 g geriebene Nüsse
1 Prise Zimt
3 EL Rum
Semmelbrösel nach Bedarf
Ei zum Bestreichen

Mit dem Mehl, dem zerbröselten Germ, der Milch und 2 TL Zucker ein Dampfl machen und etwa 20 Minuten an einem warmen Ort gehen lassen. Die restlichen Zutaten beigeben und gut abschlagen bis sich der Teig vom Schüsselrand löst. Den Teig zudecken und an einem warmen Ort gehen lassen.

Für die Fülle den Zucker mit dem Wasser aufkochen, Honig, Nüsse und Zimt einrühren und nochmals aufkochen lassen. Vom Herd nehmen, den Rum dazugeben, mit den Semmelbröseln binden und auskühlen lassen. Den Teig gut durchkneten und dünn ausrollen. Die Fülle darauf verteilen, den Teig fest zusammenrollen und auf das mit Backpapier belegte Backblech legen. Die Rolle mit dem verquirlten Ei bestreichen und nochmals 30 Minuten auf-gehen lassen. Im vorgeheizten Backrohr bei 190 °C etwa 50 Minuten backen.

Milchrahmstrudel

300 g Mehl
25 ml Öl, etwas Salz
150 ml lauwarmes Wasser

6 Semmeln
170 g Butter
80 g Staubzucker
200 ml Milch
6 Eier
1 Pkg. Vanillezucker
etwas abgeriebene Zitronenschale
1 Pkg. Vanillepuddingpulver
250 ml Sauerrahm
70 g Kristallzucker
100 g flüssige Butter
Staubzucker

1 l Milch
30 g Kristallzucker
2 Eier
1 Pkg. Vanillezucker

Für den Teig Mehl auf eine Arbeitsfläche häufen, in der Mitte eine Mulde formen, in diese Öl und Salz geben. Nach und nach das Wasser zufügen und alles zu einem geschmeidigen Teig kneten. Teig anschließend in eine Schüssel geben, mit Öl bestreichen und 30 Minuten rasten lassen.

Für die Fülle die Semmeln entrinden, würfelig schneiden und in Milch einweichen. Butter mit Staubzucker schaumig schlagen, Eier trennen, Eiklar mit dem Kristallzucker zu steifem Schnee schlagen.

Semmelmasse, Eidotter, Vanillepuddingpulver, Vanillezucker, Sauerrahm und Zitronenschale unterheben, zuletzt den Schnee vorsichtig unterziehen.

Teig auf einem bemehlten Tuch gleichmäßig ausrollen, anschließend mit beiden bemehlten Handrücken von der Mitte aus vorsichtig nach außen ziehen, bis der Teig ganz dünn wird. Die dicken Teigränder wegschneiden, mit flüssiger Butter beträufeln und die Fülle in einer Linie darauf verteilen. Den Teig mit dem Tuch über die Fülle heben und einrollen. Mit der Naht nach unten in eine befettete Backpfanne setzen und die Oberfläche mit flüssiger Butter bestreichen. Im vorgeheizten Backrohr bei 180 °C etwa 30 Minuten backen.

Für den Überguss alle Zutaten miteinander verrühren und über den Strudel gießen, dann weitere 20 Minuten überbacken, lauwarm und mit Staubzucker bestreut servieren.

Topfenstrudel

Strudelteig
(Rezept S. 22)
60 g Butter
30 g Staubzucker
Salz
1 Pkg. Vanillezucker
etwas abgeriebene Zitronenschale
2 Eidotter
250 g passierter Topfen
125 ml Sauerrahm
2 Eiklar
50 g Kristallzucker
30 g Mehl
40 g Rosinen
Butter
125 ml Milch
Staubzucker

Butter, Zucker, Salz, Vanillezucker, geriebene Zitronenschale und Dotter schaumig rühren, passierten Topfen und Sauerrahm einrühren. Eiklar mit Kristallzucker zu einem steifen Schnee schlagen, unter die Topfenmasse heben. Zuletzt das Mehl vorsichtig unterziehen.

Zwei Drittel des gezogenen Strudelteiges mit Fülle bestreichen und mit Rosinen bestreuen. Das restliche Drittel der Teigfläche mit Butter bestreichen. Zusammenrollen, den Strudel in eine gebutterte Pfanne legen.

Die Oberfläche mit zerlassener Butter bestreichen und 20 Minuten bei 180 °C backen, mit der heißen Milch übergießen und weitere 20 Minuten backen.

Portionieren, anzuckern und mit Vanillesauce als Beigabe anrichten.

!!!

TIPP
Herrlich schmeckt der Strudel auch mit frischen Himbeeren in der Mitte.

Filzstrudel

700 g faschierter Filz (Nierenfett)

280 g glattes Mehl

2 Eidotter

2 Eier

560 g glattes Mehl

Salz

1/8 l Most

Apfelfülle oder Ribiselmarmelade

Aus Filz und 280 g glattem Mehl einen Fettziegel zubereiten und kalt stellen.

560 g Mehl in einer Schüssel salzen, mit lauwarmem Most und den Eiern zu einem weichen Teig verarbeiten, mit dem Kochlöffel abschlagen. Dann auf dem Nudelbrett einen seidenglatten Teig kneten. Zugedeckt eine halbe Stunde rasten lassen.

Den Strudelteig zu einem Rechteck, 30 x 40 cm, ausrollen, den Fettziegel in die Mitte einlegen, den Teig schließen, indem man zuerst die Längsseiten übereinander legt und dann die Breitseiten nach oben und unten schlägt. Erneut zu einem Rechteck, 20 x 40 cm, ausrollen und diesmal vierfach zusammenlegen. 30 Minuten im Kühlschrank zugedeckt rasten lassen.

Teig wiederum zu einem Rechteck ausrollen und dreifach zusammenlegen. 30 Minuten zugedeckt im Kühlschrank rasten lassen. Diese Touren nochmals wiederholen.

Anschließend den Teig weiter zu Strudeln verarbeiten, mit Apfelfülle oder Ribiselmarmelade füllen. Mit zerschlagenem Ei bestreichen und etwas Wasser besprengen, im Rohr bei 180 °C ca. 20 Minuten backen.

WARME MEHLSPEISEN

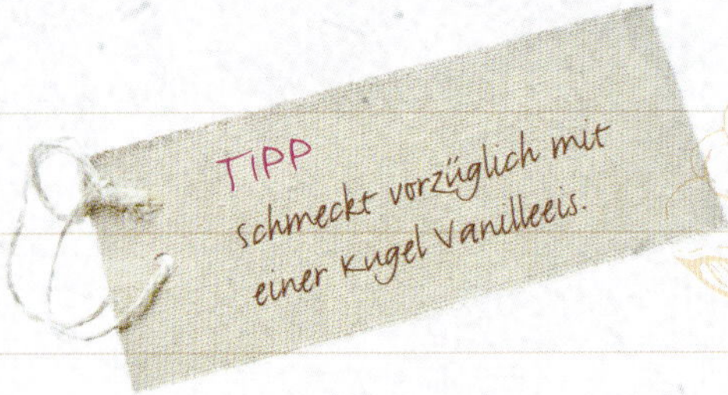

Beerenknödel aus Erdäpfel-Teig

500 g mehlige Erdäpfel
400 g Magertopfen
150 g Mehl
2 gehäufte EL Grieß
2 EL Butter
1 Prise Salz
Salz, Kristallzucker und Zimtrinde für das Kochwasser

150 g Heidelbeeren
150 g Himbeeren
etwas Kristallzucker
100 g Semmelbrösel
100 g geriebener Mohn
3 EL Butter
Staubzucker zum Bestreuen

Erdäpfel in der Schale kochen, schälen und noch heiß durch die Presse drücken. Mit Topfen, Mehl, Grieß, Butter und Salz zu einem Teig verkneten und etwa 30 Minuten im Kühlschrank rasten lassen. Eine Rolle formen und in gleich große Stücke schneiden.

Die Beeren getrennt mit etwas Kristallzucker vermischen. Die Teigstücke etwas flach drücken und jeweils 1 TL Beeren darauf setzen. Mit dem Teig umhüllen und zu Knödeln drehen.

Wasser mit Salz, Zucker und Zimtstange aufkochen, Knödel einlegen und darin etwa 15 Minuten ziehen lassen.

In der Zwischenzeit in 2 Pfannen etwas Butter schmelzen, in der einen Pfanne die Semmelbrösel und in der anderen Pfanne den Mohn anrösten. Die Knödel aus dem Wasser heben, in den Bröseln oder dem Mohn wälzen und mit Staubzucker bestreuen.

Gebackene Mäuse

1 kg Mehl

40 g Germ

1 TL Salz

40 ml Speckbirnenbrand

etwas abgeriebene Zitronenschale

100 g zerlassene Butter

2 Pkg. Vanillezucker

4 Dotter

1/2 l Milch

Schweineschmalz zum Ausbacken

6–7 EL Staubzucker

2 TL Zimt zum Bestreuen

Mehl, Germ, Salz, Speckbirnenbrand, geriebene Zitronenschale, Butter, Vanillezucker und Dotter in einer Schüssel vermischen, lauwarme Milch dazugeben und gut durchkneten. 1 Stunde rasten lassen.

Teig mit einem EL in das heiße Fett einlegen und schwimmend herausbacken. Mit Staubzucker und Zimt bestreuen und mit Most-Chadeau servieren.

Most-Chadeau

1/4 l Jungspund oder Roter Pichlbirnen-Most

120 g Kristallzucker

1 Ei

4 Dotter

Alle Zutaten über Dampf dickschaumig schlagen und sofort servieren.

Kaiserschmarren

200 ml Milch

120 g Mehl

Salz

etwas abgeriebene Zitronenschale

1 Pkg. Vanillezucker

4 Eidotter

4 Eiklar

50 g Kristallzucker

50 g Butter

Staubzucker

Milch mit Mehl, Salz, geriebener Zitronenschale, Vanillezucker und Dotter zu einem glatten Teig verrühren und das mit Kristallzucker zu Schnee geschlagene Eiklar unterheben.

In einer Pfanne Butter erhitzen und den Teig etwa 3 cm hoch eingießen. Rosinen darauf streuen und auf kleiner Flamme langsam anbacken. Sobald die untere Seite Farbe genommen hat, den Schmarren halbieren, wenden und im vorgeheizten Backrohr bei 180 °C etwa 15 Minuten fertig backen.

Danach mit zwei Paletten in 3 cm große, unregelmäßige Stücke reißen, etwas flüssige Butter dazugeben und nochmals kurz ins Backrohr stellen. Auf Teller anrichten, anzuckern und mit Kompott oder Zwetschkenröster servieren.

Zwetschkenröster

Zwetschken waschen, halbieren und entkernen.

Wasser mit Kristallzucker, Zimtrinde und Gewürznelken aufkochen. Zwetschken beigeben und unter wiederholtem Umrühren langsam weich dünsten. Der Röster soll eine dickflüssige Konsistenz aufweisen. Auskühlen lassen und die Gewürze herausnehmen.

1 kg Zwetschken

125 ml Wasser

200 g Kristallzucker

Zimtrinde

Gewürznelken

Marillenknödel

Ca. 400 g mehlige Kartoffeln
1 Eidotter
1 Ei
30 g Butter
1 Prise Salz
Muskatnuss
ca. 150 g griffiges Mehl (je nach Feuchtigkeit der Kartoffeln)

Marillen
Würfelzucker
Amaretto
Semmelbrösel

Staubzucker zum Bestreuen

Am besten die Kartoffeln am Vortag schälen, kochen und im Kühlschrank auskühlen lassen, dabei nicht zudecken. Durch ein grobes Sieb streichen bzw. durch die Kartoffelpresse drücken, in der Mitte eine Vertiefung machen.

Butter in einer Pfanne leicht aufschäumen und zusammen mit dem Eidotter, dem ganzen Ei, Muskatnuss und Salz in die Vertiefung geben. Zuletzt das Mehl darüber streuen und alles zu einem geschmeidigen Teig kneten. Diesen zu einer Rolle formen, in Scheiben schneiden, diese zu Kugeln drehen und flach drücken.

Marillen halbieren, nicht zur Gänze trennen und den Kern durch ein mit Amaretto beträufeltes Stück Würfelzucker ersetzen. Marillen jeweils auf das vorbereitete Teigstück legen, zusammmenklappen und zu einem Knödel drehen. In kochendes Wasser geben und leicht kochen lassen, bis die Knödel sich leicht zu drehen beginnen.

In der Zwischenzeit in einer Pfanne Semmelbrösel braun rösten.

Knödel aus dem Kochwasser heben, auf einem Teller mit Küchenpapier abtropfen lassen und in die Pfanne mit den Bröseln geben. Vorsichtig in den Bröseln drehen, auf Teller setzen und mit Staubzucker bestreuen.

Mohnnudeln

300 g mehlige Erdäpfel
120 g Mehl
30 g Grieß
Salz
30 g Butter
2 Eidotter

80 g gemahlener Mohn
50 g Butter
Staubzucker

Für den Erdäpfelteig die gekochten, geschälten Erdäpfel etwas ausdampfen lassen, durch eine Erdäpfelpresse drücken, mit flüssiger Butter und den restlichen Zutaten rasch zu einem Teig verarbeiten (zu langes Kneten schadet dem Teig).

Daraus Rollen formen und in kleine Stücke teilen. Diese mit der Hand auf einem bemehlten Brett zu bauchigen Nudeln formen. In kochendes, leicht gesalzenes Wasser legen und zugedeckt etwa 5 Minuten ziehen lassen (nicht kochen).

In einer Pfanne Butter erhitzen, die gekochten, gut abgetropften Nudeln dazugeben, mit Mohn und Staubzucker bestreuen und durchschwenken.

Sauerrahmdalken

4 Eier

125 ml Sauerrahm

etwas abgeriebene Zitronenschale

120 g glattes Mehl

Salz

100 g Kristallzucker

Butter

200 g frische Heidelbeeren oder sonstiges saisonales Beerenobst

Eier trennen. Sauerrahm, Dotter, Zitronenschale, Mehl und eine Prise Salz glatt rühren.

Eiklar und Kristallzucker zu Schnee schlagen. 1/3 vom Schnee mit dem Teig verrühren, restlichen Schnee unter den Teig heben.

Etwas Butter in einer Pfanne schmelzen und die Dalken auf beiden Seiten etwa 2 Minuten nicht zu heiß goldgelb backen.

Einige Beeren mit etwas Staubzucker zu einer Sauce mixen und rund um die Dalken ziehen, die restlichen Beeren je nach Geschmack zwischen die Dalken legen.

Spritzstrauben

Die Milch mit der Butter aufkochen. Das Mehl dazuschütten und abschlagen, bis sich der Teig als Klumpen vom Rand löst.

Nach und nach die Eier unterrühren. Teig mit einer Spritzdose oder einem Dressiersack mit einer großen Sterntülle ins heiße Schweineschmalz spritzen und schwimmend goldgelb backen.

Mit Zucker bestreuen und warm servieren. Dazu passen hervorragend Fruchtsäfte oder Kompott.

220 ml Milch

70 g Butter

250 g Mehl

5 Eier

Salzburger Nockerl

5 Eiklar

40 g Kristallzucker

10 g Staubzucker

3 Eidotter

20 g Mehl

etwas abgeriebene Zitronenschale

etwas Vanillezucker

70 ml Milch

40 g Butter

Staubzucker und Vanillezucker zum Bestreuen

In einer feuerfesten Form Butter, Staubzucker, Milch und Vanillezucker erhitzen.

5 Eiklar mit Kristallzucker steif schlagen. Dotter, Mehl und Zitronenschale rasch darunter ziehen. Es sollen noch Dotterfäden sichtbar sein.

3 NockerIn formen, in das feuerfeste Geschirr geben und im Rohr 7 Minuten bei 180 °C backen, bis sie goldbraun sind.

Mit Staubzucker-Vanillezucker-Gemisch bestreuen und sofort servieren.

Salzburger Nockerln gilt als die „Königin der Aufläufe" und gehört zu den bekanntesten österreichischen Süßspeisen. Einer Legende nach, soll diese typische Salzburger Spezialität die drei Hausberge der Stadt Salzburg – Mönchsberg, Kapuzinerberg und Festungsberg – darstellen.

Topfen-Palatschinken

140 g Mehl
2 Eier
1 Eidotter
Vanillezucker
Salz
250 ml Milch
Öl zum Backen

50 g Butter
30 g Staubzucker
1 Pkg. Vanillezucker
etwas abgeriebene Zitronenschale
3 Eidotter
3 Eiklar
125 ml Sauerrahm
250 g Topfen
40 g Kristallzucker
30 g Rosinen

125 ml Milch
1 Ei, **1** Eidotter
30 g Kristallzucker
3 EL Sauerrahm
Staubzucker

Für den Palatschinkenteig Mehl, Eier, Dotter, Vanillezucker, Salz und etwas Milch mit einem Schneebesen glatt rühren. Restliche Milch nach und nach unterrühren, sodass ein dünnflüssiger Teig entsteht. Durch ein Sieb streichen und 20 Minuten rasten lassen, notfalls mit Milch verdünnen.

Öl oder Butterschmalz in einer Pfanne erhitzen (überschüssiges Fett abgießen). Soviel Teig eingießen, dass sich beim Schwenken der Pfanne der Teig gleichmäßig dünn über dem Pfannenboden verteilt. Bei mäßiger Hitze die Palatschinken auf beiden Seiten hellbraun backen und übereinandergelegt warm stellen.

Die weiche Butter mit gesiebtem Staubzucker, Vanillezucker und geriebener Zitronenschale schaumig rühren. Dotter, Sauerrahm und den passierten Topfen dazugeben. Eiklar mit Kristallzucker zu Schnee schlagen, unter die Topfenmasse heben und die Rosinen einrühren. Palatschinken mit der Topfenmasse füllen, einrollen und halbieren, in eine bebutterte Backform mit der Schnittfläche nach oben schindelartig einlegen. Im vorgeheizten Backrohr bei 180 °C etwa 10 Minuten anbacken.

Für den Überguss alle Zutaten versprudeln, über die Palatschinken gießen und etwa 15 Minuten fertig backen. Portionieren und angezuckert servieren.

Zwetschkenknödel

6 Erdäpfel
6 EL Mehl
1 Prise Salz
1 Ei
750 g Zwetschken
etwas Fett
Semmelbrösel
Zucker zum Bestreuen

Erdäpfel kochen, heiß passieren und mit Mehl, Salz und dem Ei zu einem weichen Teig verarbeiten, anschließend etwa 30 Minuten rasten lassen.

Den Teig zu einer Rolle formen, davon Scheiben abschneiden, Schüsserln formen und jeweils mit einer Zwetschke belegen.

Knödel formen und in siedendem Salzwasser kochen.

Die Semmelbrösel in Fett anrösten, die Knödel darin wälzen und überzuckern.

Wiener Wäschermädeln

Für den Backteig Wein, Bier oder Milch mit Mehl glatt rühren, Salz, Öl und Dotter einrühren. Etwas rasten lassen. Eiklar mit Zucker zu Schnee schlagen und unter den Teig ziehen. Vor der Verwendung wieder etwas rasten lassen.

Marillen waschen, halbieren, entkernen, mit Marillenlikör beträufeln und mit Staubzucker bestreuen. Likör einziehen lassen und je zwei Hälften mit einem Marzipanstückchen zusammendrücken.

Marillen durch den Weinbackteig ziehen und schwimmend in heißem Fett (170 °C) goldgelb backen. Wäschermädeln gut abtropfen lassen, anzuckern und mit Vanillesauce servieren.

250 ml Weißwein, Bier oder Milch

250 g Mehl

Salz

3 EL Öl

3 Eidotter, **3** Eiklar

30 g Zucker

8 Marillen

Marillenlikör

200 g Marzipan

Backfett

Staubzucker

Vanillesauce

TIPP
Bei einigen Mostbauern gibt es Glühmost trinkfertig in der Flasche zu kaufen.

Mostpudding

8 Eier
280 g Feinkristallzucker
200 g Semmelbrösel
Zimt

Eier trennen. Eiklar zu Schnee schlagen. Eidotter mit dem Zucker und einer Prise Zimt schaumig rühren. Abwechselnd die Semmelbrösel und den Schnee unterheben. In eine eingefettete und mit Semmelbröseln bestreute Form füllen und bei 150 °C 45 Minuten backen.

1 l Most (z. B. Schweizer Wasserbirnenmost, Apfelmost) oder Apfelsaft
Zucker, **1 Stange** Zimt
Gewürznelken
Zitronenschale oder **1 l** heiße Milch mit Zucker

1 Liter Most mit Zucker, Zimt, Gewürznelken, Zitronenschale aufkochen und noch warm über den Pudding gießen. Für Kinder statt Most Apfelsaft verwenden oder mit heißer Milch (nur gezuckert) übergießen.

STÜCKGEBÄCK UND BÄCKEREI

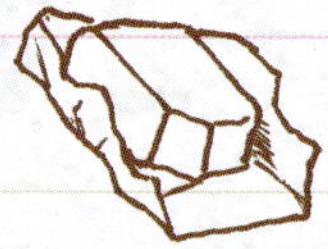

Apfelschlangerl

450 g Mehl
150 g Butter
150 g Staubzucker
1 Pkg. Backpulver
1 Pkg. Vanillezucker
2 Eier
etwas Milch

700 g Äpfel
50 g Zucker
Zimt
1 Ei zum Bestreichen

Alle Zutaten rasch zu einem Mürbteig verkneten und eine halbe Stunde im Kühlschrank rasten lassen.

Äpfel schälen und in dünne Spalten schneiden.

Teig ausrollen mit Apfelspalten, Zucker und Zimt bestreuen. Einrollen, mit Ei bestreichen und bei 160 °C 20 Minuten im Heißluftbackrohr backen.

Brandteigkrapfen

Milch, Butter, Salz und Zucker zusammen in einem Topf aufkochen lassen. Das ganze Mehl auf einmal dazugeben, Hitze reduzieren, kräftig weiterrühren, bis sich der Teig vom Boden des Topfes löst. Den Topf vom Herd nehmen und den Teig etwas abkühlen lassen. Eier nach und nach darunter rühren, bis sich der Teig gut verbunden hat.

Backrohr auf 200° vorheizen. Die Masse in einen Spritzsack mit großer Sterntülle füllen und auf ein mit Backpapier belegtes Blech große Krapfen spritzen. Bei 200° ca. 20 Minuten backen. Abkühlen lassen, mittig durchschneiden und entweder mit Schlagobers, Früchten, Schokolade- oder Vanillecreme füllen.

500 ml Milch

140 g Butter

1 Prise Salz

1 TL Zucker

200 g glattes Weizenmehl

5 Eier

nach Belieben Schlagobers, Früchte, Schokoladencreme oder Vanillecreme zum Füllen

Faschingskrapfen

500 g Mehl

30 g Germ

60 g Butter

60 g Zucker

4 Eidotter

1 Pkg. Vanillezucker

etwas geriebene Zitronenschale

1 EL Rum

1 Prise Salz

250 ml Milch

Marillenmarmelade, mit **etwas** Rum glatt gerührt

Germ, 1 TL Zucker, 4 EL Mehl und etwas lauwarme Milch miteinander verrühren und an einem warmen Ort aufgehen lassen (Dampfl).

Anschließend das restliche Mehl mit dem Dampfl, der zerlassenen Butter, der lauwarmen Milch, Zucker, Salz, Eiern, Zitronenschale, Vanillezucker und Rum vermischen, gut verkneten und nochmals aufgehen lassen.

Den Teig ca. 1 cm dick ausrollen und Scheiben ausstechen. In die Mitte jeder Scheibe Marillen-marmelade setzen und eine ausgestochene Scheibe darauf setzen.

Ränder gut niederdrücken und nochmals zugedeckt gehen lassen.

In nicht zu heißem Fett 3 Minuten schwimmend backen, umdrehen und fertig backen. Abtropfen lassen und mit Zucker bestreuen.

Mohnbeugeln

80 g Zucker
125 ml Milch
120 g gemahlener Mohn
20 g Rosinen
etwas abgeriebene Zitronenschale
1 Prise Zimt

250 g glattes Mehl
120 g Butter
20 g Zucker
15 g Germ
etwas kalte Milch
1 Eidotter
Salz

Für die Fülle Zucker mit der Milch aufkochen lassen, den Mohn einrühren und einmal aufquellen lassen. Rosinen einmengen und mit Zitronenschale und Zimt abschmecken.

Germ in wenig Milch auflösen. Mehl mit Butter, Zucker und 1 Prise Salz abbröseln, dann mit Germ und Dotter zu einem Teig verarbeiten. Teig gut durchkneten und zugedeckt auf einem Brett etwa 45 Minuten rasten lassen.

Teig ausrollen, 7 x 10 cm große Rechtecke ausschneiden, diese mit Fülle belegen, einrollen und zu Kipferln formen.

Die Beugeln auf ein ungefettetes Blech legen, mit verquirltem Ei bestreichen und an einem lauwarmen Ort aufgehen lassen. Dann in der Mitte ein wenig auseinander ziehen, damit die mit Ei bestrichene Oberfläche die kleinen Risse bekommt, die den Beugeln nach dem Backen die typische Zeichnung geben.

Beugeln bei etwa 180 °C goldgelb backen.

Marmorgugelhupf

80 g Butter
70 g Öl
100 g Staubzucker
etwas abgeriebene Zitronenschale
1/2 Pkg. Vanillezucker
4 Eidotter, **60 g** Mehl
10 g Backpulver
125 ml Milch
4 Eiklar
100 g Kristallzucker
60 g Kochschokolade
200 g Mehl
Butter und Mehl für die Form
Staubzucker

Butter mit Öl, gesiebtem Staubzucker, geriebener Zitronenschale, Vanillezucker und Dotter schaumig rühren.

60 g Mehl mit Backpulver versieben und abwechselnd mit der Milch in die Masse rühren.

Eiklar mit Kristallzucker zu Schnee schlagen.

Kochschokolade im Wasserbad erweichen und in die Hälfte der Masse einrühren.

Eischnee auf beide Massen aufteilen und jeweils die halbe Mehlmenge darunter heben. Die Massen abwechselnd in eine mit Butter ausgestrichene, mit Mehl ausgestaubte Gugelhupfform füllen und im vorgeheizten Backrohr bei 170 °C etwa 60 Minuten backen.

Auf ein Gitter stürzen und überkühlt anzuckern.

Marillenkuchen

Butter und Staubzucker schaumig rühren, Vanillezucker, geriebene Zitronenschale und nach und nach die Eidotter einrühren.

Eiklar und Kristallzucker zu festem Schnee schlagen und diesen abwechselnd mit dem Mehl vorsichtig unterziehen.

Die Masse auf ein mit Backpapier belegtes Blech streichen und mit halbierten Marillen belegen. Mit gehobelten Mandeln bestreuen und bei 180 °C etwa 45 Minuten backen.

200 g Butter

100 g Staubzucker

1 Pkg. Vanillezucker

etwas abgeriebene Zitronenschale

4 Eidotter, **4** Eiklar

100 g Kristallzucker

200 g griffiges Mehl

1 kg Marillen

150 g gehobelte Mandeln

Polsterzipf

1 kg Mehl

8 Eidotter

250 ml Schlagobers

250 ml Sauerrahm

Salz

1 Pkg. Backpulver

Öl zum Herausbacken

Staubzucker zum Bestreuen

Alle Zutaten zu einem Teig vermengen. Den fertigen Teig etwa 4 Millimeter dick auswalken und zu kleinen, viereckigen Stücken ausradeln.

Die Teigstücke zu einem Dreieck zusammenfalten. In heißem Öl schwimmend herausbacken, mit Staubzucker bestreuen und noch warm servieren.

TIPP
Man kann die Polsterzipfl auch mit jeder beliebigen Marmelade füllen.

Punschkrapfen

Eier, Mehl, Zucker und Zitronenschale schaumig schlagen.

Masse auf ein mit Backpapier belegtes Backblech streichen und bei 180 °C etwa 15 Minuten backen.

Für die Fülle Schokolade reiben, schmelzen und mit Haselnüssen, Biskuitbröseln, Marmelade, Zitronen- und Orangenschale sowie Zitronen- und Orangensaft und Rum vermengen.

Biskuitteig in 4 cm große Quadrate schneiden, jeweils zwei davon mit der Fülle zusammensetzen. Mit der Punschglasur überziehen und mit kandierten Kirschen verzieren.

5 Eier

100 g Mehl

150 g Zucker

etwas abgeriebene Zitronenschale

150 g Biskuitreste oder zerbröselte Biskotten

200 g Ribiselmarmelade

50 g geriebene Haselnüsse

50 g Schokolade

abgeriebene Zitronen- und Orangenschale

Saft von **1** Zitrone

Saft von **1/2** Orange

2 EL Rum

Zucker-Punschglasur

kandierte Kirschen

Rehrücken

8 Eiklar
200 g Staubzucker
1/2 Pkg. Vanillezucker
70 g Kakaopulver
200 g geriebene Mandeln
Salz, **1 Msp.** Zimt
etwas abgeriebene Zitronenschale
8 Eidotter
100 g Ribiselmarmelade

150 g Schokolade
1 TL Öl
250 g Staubzucker
125 ml Wasser
100 g Mandeln

Die Eiklar mit 50 g Zucker zu einem steifen Schnee schlagen. Den restlichen Zucker mit Vanillezucker, Kakaopulver, geriebenen Mandeln, Salz, Zimt, Zitronenschale und den Eidottern sehr gut schaumig rühren.

Den Schnee unter die Masse heben, diese in eine gebutterte und bemehlte Rehrückenform geben und langsam bei 180 °C etwa 60 Minuten backen. Auskühlen lassen, stürzen, einmal quer durchschneiden und mit Ribiselmarmelade bestreichen.

Für die Schokoladenglasur die Schokolade mit dem Öl erwärmen. Den Zucker mit dem Wasser erhitzen, abkühlen und nach und nach zur Schokolade rühren.

Den Rehrücken mit der Schokoladenglasur überziehen und mit gestiftelten, abgezogenen Mandeln spicken.

Kärntner Reindling

500 g Mehl
20 g Germ
100 g Butter
250 ml lauwarme Milch
1 Ei, **1** Eidotter
50 g Zucker
Salz, Anis
Lebkuchengewürz

80 g Butter
100 g Zucker
2 EL Zimt
100 g Rosinen

Für den Teig 100 g Mehl mit der Germ, etwas Zucker und etwas lauwarmer Milch verrühren und 10 Minuten zugedeckt gehen lassen.

Dann die restlichen Zutaten beifügen und gut durchkneten. Je nach Beschaffenheit des Teiges evtl. noch etwas Mehl oder Flüssigkeit zugeben. An einem warmen Ort zugedeckt gut aufgehen lassen.

Teig nochmals gut durchkneten und auf einer bemehlten Arbeitsfläche ca. 1 cm dick länglich ausrollen. Mit der zerlassenen Butter bestreichen und mit Zucker, Zimt und Rosinen bestreuen. Fest einrollen und in einer gefetteten Backform („Rein") schneckenförmig zusammenrollen (oder in eine Gugelhupf- oder Kranzkuchenform geben).

Bei 180 °C ca. 60 Minuten backen, dann aus der Form stürzen.